ORIGINE ET NATURE

DE CERTAINS

DROITS SEIGNEURIAUX

POSSÉDÉS PAR LA

NOBLE FAMILLE DE BEAUFORT

dans la vallée de Luce

PAR

M. L'ABBÉ LAVANCHY

Archiprêtre, Curé de Saint-Jorioz (Haute-Savoie).

CHAMBÉRY

IMPRIMERIE CHATELAIN, AVENUE DU CHAMP-DE-MARS

1886

ORIGINE ET NATURE

DE CERTAINS

DROITS SEIGNEURIAUX

SUR LA VALLÉE DE LUCE

ORIGINE ET NATURE

DE CERTAINS

DROITS SEIGNEURIAUX

POSSÉDÉS PAR LA

NOBLE FAMILLE DE BEAUFORT

dans la vallée de Luce

PAR

M. L'ABBÉ LAVANCHY

Archiprêtre, Curé de Saint-Jorioz (Haute-Savoie).

CHAMBÉRY

IMPRIMERIE CHATELAIN, AVENUE DU CHAMP-DE-MARS

1886

ORIGINE ET NATURE

DE CERTAINS

DROITS SEIGNEURIAUX

POSSÉDÉS PAR LA

NOBLE FAMILLE DE BEAUFORT

dans la vallée de Luce

PAR

M. L'ABBÉ LAVANCHY

Archiprêtre, Curé de Saint-Jorioz (Haute-Savoie).

Il est difficile d'établir la nomenclature des fiefs et droits seigneuriaux possédés, avant le milieu du XIVe siècle, dans la vallée de Luce, par la noble et célèbre maison de Beaufort. Il y a, là, un enchevêtrement tel de ces droits avec ceux des archevêques de Tarentaise, des comtes de Savoie, et des Dauphins du Viennois, barons de Faucigny [1], qu'on renonce à les éclaircir.

Mais à partir du milieu du XIVe siècle, la généalogie de la famille de Beaufort s'établissant avec une entière certitude et se continuant sans lacune jusqu'à son extinction selon l'ingénuité et même selon la bâtardise, quelques-uns des droits seigneuriaux perçus par elle, dans la vallée, sont mis en pleine lumière.

[1] Voyez déjà BESSON, *preuves* 45 et 46 pour le commencement du XIIIe siècle. Ibid. *preuve* 79 pour le commencement du XIVe siècle.

De ce nombre sont : l'alpéage des montagnes, l'office de scribanie (notariat) et de curialité, et le domaine sur le four public de Saint-Maxime, trois points qui ne touchent pas à l'histoire politique de la vallée, mais bien, si l'on peut ainsi dire, à l'histoire domestique de la communauté beaufortaine.

Il peut y avoir un certain intérêt, pour les Beaufortains, à en connaître l'origine et la nature.

I. L'*Alpéage des montagnes.* — Lorsque en 1345 les deux baronies de Faucigny et de Beaufort furent cédées, conjointement avec le Dauphiné, au roi de France, par Humbert II dernier des Dauphins du Viennois, ce fut pour Amé VI, comte de Savoie, un desagrément tel qu'il n'eut pas de repos avant de les avoir reconquises. La lutte, avec ses phases diverses, dura jusqu'en 1355, et ce fut le 7 juillet de cette année là qu'eut lieu la remise officielle du mandement de Beaufort aux mains des commissaires comitaux de Savoie[1].

Or, parmi les officiers du comte Amé VI, un de ceux qui l'aidèrent davantage à ressaisir les baronies convoitées fut N. Jean de Beaufort, alors simple chevalier, qui devint plus tard docteur ès-lois et célèbre chancelier de Savoie.

Pour récompenser ses commissaires et ses féaux de leurs services, le comte les attendait à Genève où ils allèrent le rejoindre en passant par Sallanches et la vallée d'Arve[2]. Cette promenade leur prit une huitaine de jours,

[1] *Albertville à l'époque romaine et la vallée de Beaufort au moyen-âge*, par le chanoine Ducis, p. 14.

[2] Ibid.

et le 21 du même mois de juillet 1355, à Genève, Amé VI octroyait à N. Jean de Beaufort et à quelques autres, en augmentation de fiefs, le revenu de 10 florins d'or pour chacun, *à prendre sur la chatellenie de Beaufort*. (Pièce justificative A.)

Ces termes : « à prendre sur la chatellenie de Beaufort » étant assez vagues, la concession de 10 florins d'or annuels demandait à être assignée sur un objet certain. C'est pourquoi 4 ans plus tard, le 25 juin 1360, à Chambéry, sur la relation à lui faite par ses délégués, le comte de Savoie jugea bon, pour la représentation de ladite rente, d'adjuger en faveur de N. Jean de Beaufort et de ses successeurs, la leyde et l'alpéage de ses montagnes de la chatellenie de Beaufort, pour lesquels, chaque année, à la Saint-Christophe, on levait, de chaque faisant fruit, le fruit du jour. Les cinq sixièmes de ce fruit appartenaient au comte pour la leyde et l'alpéage, le sixième restant à d'autres nobles. Ces cinq sixièmes formant la part du comte s'évaluaient alors par la quantité de sept quintaux et demi de fromage, fournis par les paroissiens de Saint-Maxime, d'Hauteluce et du Villard, au *prorata* de leurs possessions alpestres. (Pièce justificative A.)

Voilà pourquoi, pendant près de cinq siècles, jusqu'à l'époque de leur affranchissement des devoirs féodaux (1773), les trois paroisses payèrent, en nature ou en espèces, la valeur dudit alpéage, aux ayants droit de Jean de Beaufort, comme on peut le voir par la citation des documents ci-après.

II. L'*office de scribanie et de curialité (appelé aussi de chartrerie, de clergie, etc.)*. — L'office de notaire et de curial, pour toute la vallée de Luce, avait été concédé, dès les premières années du XIVe siècle, par Hugues Dauphin, seigneur de Faucigny, à un nommé Bonnefoy Gros, des Côtes de Saint-Maxime. Celui-ci étant mort, Hugues Dauphin avait accordé cette charge à son médecin, maître Jacques Alamand, conjointement avec les deux fils de Bonnefoy Gros, Jacquemet et Hugonet. En 1315, le 15 mai, Hugues voulant continuer ses faveurs aux petits-fils et héritiers du même Bonnefoy Gros, c'est-à-dire Pierre, Hugonet et Reymond, les investit de nouveau de l'office de notaire pour toute la vallée, sous la charge seulement de 10 sous forts, à lui payables chaque année, rendant nuls tous actes publics qui pourraient être écrits par d'autres notaires. Mais, comme ces héritiers de Bonnefoy Gros étaient encore en bas âge, il leur permet de se choisir un ou deux autres notaires qui stipulent en leur nom, *donec perveniant ad etatem*. (Pièce justificative B.)

Hugonet et Raymond Gros moururent jeunes, laissant leur frère Pierre héritier de leurs droits. Ce dernier annobli dans l'intervalle, quitta Beaufort et alla s'établir dans le diocèse de Vienne. Aussi, son fils, N. Jean Gros résolut-il de vendre son office de notaire dans la vallée de Luce [1].

L'occasion s'en présenta en 1424. N. Jean de Beaufort, le même que ci-devant, devenu depuis 1418 chancelier de Savoie, donna procuration à un nommé Pierre Berthier. dit Bovard, pour acheter de Jean Gros, l'office en question, avec tous les honneurs, émoluments et avantages y attachés. L'acte est passé à Pont-Beauvoisin, le 15 novembre 1424, pour le prix de 700 florins petit poids, à 12 deniers le florin, monnaie de Savoie [2].

[1] Ces détails sont tirés de l'acte même de la vente.

[2] Archives du Villard-Chabod, liasse de parchemins cotée n° 12. L'acte d'achat est si long que nous avons renoncé à le produire. Le laod est ainsi conçu :

Le chancelier Jean de Beaufort n'ayant pas eu de postérité, partagea son hoirie en deux parties égales (1438), l'une revenant à son frère Pierre, l'autre à ses neveux Antoine et Nicod de Beaufort[1], qui jouirent paisiblement et par indivis de l'office de notaire dans la vallée jusqu'en 1449.

Mais, parce que l'acte d'achat n'avait eu d'autre ratification que celle obtenue de Bonne de Bourges, comtesse d'Armagnac, en sa qualité d'usufructuaire de la terre de Faucigny, et que cette ratification était censée n'avoir de valeur que durant la vie de celle-ci, le procureur fiscal de Louis, duc de Savoie, chercha noise aux héritiers de Jean de Beaufort sur la possession de l'office de notaire. C'est pourquoi Antoine et Nicod de Beaufort d'une part, et Louis, Claude, Pierre et François de Beaufort, fils de Pierre, tous neveux et héritiers du chancelier, recoururent au duc Louis pour être maintenus en leur possession ; ce qu'ils obtinrent par lettres données à Turin, le 6 mai 1449, moyennant la somme de 250 florins une fois payée, et sous la charge primitive de solder chaque année au prince 10 sous forts annuels. (Pièce justificative C.)

« Nos Bona de Biturio, Armaniaca comitissa, Dominaque ad cau-
« sam nostri dotalitii terrarum Foucigniaci, Bellifortis et Tharen ;
« pro nobis et nostris successoribus, venditionem in instrumento
« suprascripto. Domino Johanni de Belloforti militi et legum doc-
« tori et suis... laudamus, approbamus, emologamus, rattifi. camus
« eumdem Dominum Johannem de eadem venditione investiendo
« salvo jure nostro... indeque pro laudibus et vendis... 7° libras mo-
« nete curialis confitemur habuisse.

« Datum die 22ª decembris anno domini 1424, sub sigillo nostro
« laudum et vendarum dictarum terrarum Foucigniaci et Bellifortis
« quo utimur.

[1] Foras, *Armorial de Savoie.*

Dès lors, et jusqu'à l'affranchissement des devoirs féodaux, l'office de notaire, appelé aussi de scribanie, de chartrerie, de clergie, resta aux mains des nobles de Beaufort ou de leurs ayants droit, qui l'admodiaient en tout ou en partie, à des hommes de confiance de l'une ou de l'autre paroisse du mandement ; ainsi qu'il résulte des documents insérés ci-dessous.

III. Le four public de Saint-Maxime appartenait encore au XIIIe siècle à l'archevêque de Tarentaise qui l'ascensait à un des membres de la Communauté Beaufortaine. (Pièce justificative D.) A cette époque l'usage avait prévalu, à Saint-Maxime, que l'admodiataire du four tint en réserve une certaine quantité de farine qu'il fournissait à chaque ménage selon le besoin. Les paroissiens ne pouvaient cuire leur pain ailleurs que dans le four admodié, et ils devaient payer, en pain ou en pâte, le droit de fournage.

En 1319, une altercation fort vive eut lieu entre l'admodiataire Hugon Gros et les habitants. Ceux-ci ayant refusé de cuire leur pain dans le four et de payer, en pain ou en pâte, le fournage accoutumé, Hugon Gros fit prononcer contre eux l'excommunication par l'archevêque de Tarentaise. Les habitants, par l'entremise de leurs syndics, réclamèrent de cette sentence. De là, examen sérieux du litige par l'official du diocèse assisté de commissaires spéciaux, et jugement solennel par lequel les habitants sont condamnés à respecter les droits de l'admodiataire et aux dépens du procès. (Pièce justificative E.)

Plus tard[1] (nous ne pouvons en indiquer ni la date ni la

[1] Probablement, lorsque les Gros ayant quitté le pays, ne purent plus prêter à l'archevêque de Tarentaise l'hommage sous condition

manière), la propriété ou le domaine du four de Saint-Maxime passa aussi à la famille de Beaufort, et le prix de sa location annuel fut ordinairement de 40 florins.

Sans doute, la maison de Beaufort possédait dans la vallée d'autres droits en grand nombre. L'énumération en serait longue : juridiction haute, moyenne et basse sur ses hommes, servis, tributs, corvées, obventions de laods, ventes, plaicts ; maison forte, curtils, granges, terres, prés, bouvées, pâturages, moulins, artifices, cours d'eau, etc.

Cependant, les trois possessions mentionnées plus haut, c'est-à-dire l'alpéage des montagnes, l'office de notaire et le four public, se détachent en relief plus accentué sur le nombre, et font, pendant longtemps, l'objet d'ascensements spéciaux.

La famille de Beaufort, après la mort de Jean le Chancelier, son illustration la plus marquante, se partagea en quatre branches principales, savoir : celle des de Beaufort d'Héry, celle des Beaufort du Bois (Boscum), celle des de Beaufort de Salagine (Rumilly l'albanais) et celle des de Beaufort de Villard-Chabod (Saint-Jorioz en Genevois).

Or, par des échanges, transactions et ventes successives, les trois premières branches abandonnèrent peu à peu à celle de Villard-Chabod leur part de la seigneurie dans la

duquel le four avait été admodié avec la troisième part de la dîme des naissants. (Voyez plus loin, pièce justificative D.)

vallée de Luce ; si bien qu'au milieu du XVIe siècle (1562), N. Jean-Amed de Beaufort, seigneur de Villard-Chabod, en était seul possesseur, et l'admodiait entière, avec tous les droits y attachés, pour la somme de 1240 florins, deux quintaux de vacherins, un quintal de beurre, 60 livres de serey (*sic*), etc.[1]

Ce Jean-Amed de Beaufort laissa en mourant (1579) une fille unique, son héritière universelle, demoiselle Françoise de Beaufort, dame de Villard-Chabod, mariée depuis dix ans (1569) à N. Sébastien de Montvagnard, seigneur de Boëge. En elle devait s'éteindre, selon l'ingénuité, cette branche de la famille, car elle mourut veuve et sans enfant en 1626[2].

Mais elle avait un oncle, frère de son père, N. et Révérend Pierre de Beaufort, abbé commandataire de Tamié, auquel son père l'avait recommandée à son lit de mort. Cet oncle, au lieu d'être le protecteur de sa nièce, invoqua contre elle une substitution faite par son grand-père, Claude de Beaufort, en faveur du dernier mâle survivant de la descendance, c'est-à-dire de lui-même, et après force débats et contestations, finit par obtenir de sa nièce un accommodement par lequel la seigneurie et rente de Beaufort fut de nouveau partagée entre eux (1580)[3].

Ajoutons qu'avant cette date de 1580, certains droits sur la seigneurie de Beaufort avaient été relâchés à des

[1] Voir, ci-après, l'admodiation à Me Louis Vibert, en 1562.

[2] Les branches d'Héry et de Salagine devaient s'éteindre, en 1641, par la mort de D^lle Jeanne-Aimée de Beaufort d'Héry (dame de Salagine par succession de ses oncles François de B. de Salagine, mort sans enfant, et Balthazard de B. de Salagine, aussi mort sans postérité.

Elle avait épousé N. François de Longecombe, seigneur de Peysieu.

[3] Parchemin des archives du Villard-Chabod, n° 16.

enfants issus d'un bâtard, nommé Bernard de Beaufort, frère naturel de Jean-Amed et de Pierre, l'abbé de Tamié. Ces droits, peu considérables du reste, continuèrent à être perçus par la descendance de Bernard de Beaufort, parallèlement avec les autres conseigneurs[1].

En sorte que la rente seigneuriale, dès le commencement du XVIIe siècle, se trouva de nouveau partagée entre trois familles copropriétaires, c'est-à-dire les ayants droit de demoiselle Françoise de Beaufort, dame de Villard-Chabod, les ayants droit de Pierre de Beaufort, abbé de Tamié, et les ayants droit de Bernard de Beaufort frère naturel de l'abbé.

Les trois colonnes du tableau suivant, simplifié pour l'intelligence de la perception de la rente, marquent la succession des conseigneurs, jusqu'à l'affranchissement des devoirs féodaux, car l'érection de la baronie de Beaufort en marquisat, au profit de N. Villecardel de Fleury (1662), ne changea rien aux droits anciens.

On voit au tableau ci-après que les noms qui terminent les colonnes sont ceux de noble François Vichard de Saint-Réal, seigneur de Villard-Chabod, de N. Alexandre de Burgarel, et de noble Chrisanthe de Bertrand, marquis de Chamousset. Or, ce sont précisément ces messieurs qui, en 1773, le 24 mars, consentirent, pour le prix de

[1] On lit, en effet, dans une reconnaissance de fiefs antérieurs à 1580 : « ... Item, la moitié par indivis, quant à l'autre moitié aux nobles (bâtards) Jean Philibert fils de feu Jean-François de Beaufort, et Etienne, Gaspard, François et Antoine fils de feu noble Bernard de Beaufort, de la tierce partie de toutes les dismes des naissants au mandement de Beaufort. (Manuscrits du Villard-Chabod, n° 57.)

C'est la preuve du droit qu'ils avaient depuis quelque temps.

6,000 livres, à l'affranchissement de tous droits féodaux, en faveur des communautés de Saint-Maxime, d'Hauteluce et du Villard de Beaufort, sauf à se partager entre eux le prix de l'affranchissement. En remontant chaque colonne, de degré en degré, on trouve, au tableau, l'origine de leurs droits.

Notez qu'au cours des XVIe et XVIIe siècles, cette rente seigneuriale sur les trois paroisses ne s'admodiait pas toujours entière au même individu. Tantôt l'un des copropriétaires ascensait sa part contingente à qui bon lui plaisait, tantôt les copropriétaires passaient procuration à l'un d'entre eux pour admodier le tout. Quelquefois aussi la part de rente afférente à chacun était scindée en plusieurs lots distincts, ayant chacun leur admodiataire spécial ; ainsi, par exemple, la scribanie d'Hauteluce fut souvent séparée de celle de Saint-Maxime, et louée à part ; de même, la scribanie fut souvent séparée de l'alpéage et du four, etc.

1° **Noble Jean-Amed de Beaufort**, seigneur de Villard-Chabod et de Beaufort, époux de Claude de Menthon, codicille en 1579.	1° **Rd Pierre de Beaufort, abbé de Tamié**, de 1436 à 1484, devint conseigneur de Beaufort, par accord avec sa nièce, en 1480.	1° **Bernard** (bâtard), frère de Jean-Amed et de Pierre. Il a pour fils : Etienne, Gaspard, Jean-François et Antoine, et Etienne, à son tour, a pour fils :
2° **Demoiselle Françoise de Beaufort** (1579-1626), dame du Villard-Chabod et de Beaufort, dernier rejeton légitime de cette branche de la famille, épouse (1569) de noble Sébastien de Montvagnard, seigneur de Boëge, veuve en 1603, morte sans enfant en 1626, enterrée à Saint-Jorioz.	2° **Noble Gaspard de Beaufort**, de Plancherine, bâtard du précédent, conseigneur de Beaufort, par héritage de son père, époux de Claudine Miquielque, d'Anvers.	2° **Pierre-Louis, Antoine**, Antoinette et Claudine, frères et sœurs, fils d'Etienne le précédent. Ils sont tous nés à Saint-Jorioz, hameau de la Chapelle-Vieille, entre 1613 et 1617 et disparaissent de la localité vers 1720.
3° **Noble François de Gruet** (1626-1653), seigneur de Villard-Chabod et conseigneur de Beaufort, par héritage de la précédente, sa cousine ; époux en premières noces de demoiselle Jeanne, fille de noble Sibois David, seigneur d'Epagny, et en deuxièmes noces, de demoiselle Suzanne de Nicolle de Montmélian.	3° **Pierre-Louis de Beaufort**, fils du précédent, mort en 1632, qui fait son héritière sa sœur, la suivante.	3° **Théodore, Donat, Pierre** de Beaufort, fils d'Antoine ci-dessus. Donat meurt à Saint-Pierre d'Albigny, en 1738, et Pierre, dans son testament de 1735, a fait héritier de ses droits sur Beaufort et ailleurs, le suivant.
4° **Noble François de Gruet**, fils du précédent (1653-1700), époux de Jeanne de Cornillon, nièce de Saint-François-de-Sales.	4° **Jacqueline de Beaufort**, sœur et héritière du précédent, qui épousa, en 1638, noble **Octave de Burgarel** (Piémont), sergent-major au préside de Montmélian, et lui apporte ses droits sur la seigneurie de Beaufort.	4° **Noble Chrisanthe de Bertrand**, marquis de Chamousset, baron de Gilly, conseigneur de Beaufort par héritage de Pierre de Beaufort ci-dessus.
5° **Noble Jean Melchior de Gruet**, fils du précédent (1700-1719), époux de demoiselle Marguerite d'Ortan.	5° **Noble Charles-Guillaume de Burgarel**, fils des précédents.	
6° **Noble Jean-Antoine de Gruet**, fils du précédent (1719-1748). Il quitte le Villard-Chabod, sur Saint-Jorioz, en 1748, pour aller se fixer au château du Marteray, par. de Sermérieux en Dauphiné, après avoir fait donation entre vifs, à son cousin, le suivant, de tous ses droits et biens situés en Savoie.	6° **Noble Octave de Burgarel**, fils du précédent.	
7° **Noble François Vichard de Saint-Réal** (1748-1773), cousin du précédent, seigneur du Villard-Chabod et conseigneur de Beaufort par donation.	7° **Noble Alexandre de Burgarel**, fils ou petit-fils du précédent.	

Les données qui précèdent étaient nécessaires pour l'intelligence des documents que nous reproduisons ci-après en forme de regeste et par ordre chronologique. Ils sont tous tirés des archives du Villard-Chabod sur Saint-Jorioz, et bien que nous n'en donnions qu'une analyse, pour éviter des longueurs, nous en garantissons l'authenticité.

1454. — Premières démarches des nobles de Beaufort, Antoine et Nicod, frères, et Louis, Claude, Pierre et François, aussi frères, tous neveux de Jean de Beaufort, chancelier de Savoie, pour l'acquisition, par indivis, du château de Villard-Chabod sur Saint-Jorioz.

Acte passé à Annecy, le 22 décembre 1454. (Archiv. parch., n° 621.)

1457. — Acquisition définitive, par les nobles ci-dessus, du Villard-Chabod, pour le prix de mille écus d'or, des Asinari (Lombards) lesquels l'avaient eux-mêmes acquis, en 1339, des seigneurs du Cengle. (Acte passé à Genève, dans le cloître des frères mineurs de Saint-François, le 27 août 1457. Parchem. n° 629.)

1481. — Partage de biens et des droits sur Beaufort entre les frères Claude de Beaufort devenu seul seigneur de Villard-Chabod, et Pierre de Beaufort, devenu depuis peu seigneur de Salagine, tout en demeurant seigneur du Bois.

Acte passé à Saint-Jorioz, 20 février 1481. (Parch. n° 15.)

1497. — Cession faite par les nobles Nicod de Beaufort, seigneur de Salagine et Pierre de Beaufort, seigneur du Bois, fils de Pierre, aux fils de Claude de Beaufort, leur cousin, seigneur de Villard-Chabod, de tous les droits qu'ils ont à prétendre, tant en dimes de blé au mas des Aultards et autres lieux du mandement de Beaufort qu'en alpéages, dimes des agneaux, hommes, etc., etc.

Acte passé à Ugines, *in domo forti Domini Claudii de Belloforti.* (Parch. n° 19.)

On voit par cet acte que les seigneurs de Salagine commencent à se désintéresser de la seigneurie de Beaufort pour la concentrer sur les seigneurs de Villard-Chabod. Reste pourtant encore le vieux François de Beaufort, frère de Claude, et oncle des seigneurs de Salagine, qui a aussi quelques droits sur la seigneurie. Il va lui aussi les aliéner de la manière suivante.

1543. — Vente par noble François de Beaufort, seigneur du Bois, à noble Amblard de Lucinge, seigneur de Saint-Cergues (son neveu par alliance) de tous ses biens rière la baronnie et mandement de Beaufort, pour le prix de 900 écus d'or. (Acte passé à Lucinge, 6 août 1543.)

Mais le 28 du même mois d'août 1543, le dict Amblard de Lucinge, revendait ces mêmes biens et droits sur Beaufort, pour le même prix de 900 écus d'or, aux frères Jean Amed, Jean-François, et Pierre de Beaufort, fils de Jean et petits-fils de Claude, conseigneurs de Villard-Chabod.

Acte passé au Villard-Chabod, le 28 août 1543. (Parch. n° 10.)

Le vendeur, noble François de Beaufort, avait promis de faire ratifier la vente consentie à Amblard de Lucinge, par sa femme Hénemonde Berengier et par son frère, Jean de Beaufort, prieur de Bellevaux en Bauges. Cette ratification est faite à Rumilly, le 12 janvier 1545.

Il résulte de ceci qu'à partir de 1543, les diverses branches de la famille de Beaufort ayant aliéné successivement leurs droits seigneuriaux et leurs biens de Beaufort à leurs parents de Villard-Chabod, ces derniers jouissent exclusivement de ladite seigneurie, et de fait, ils la gèrent et administrent en leur nom seul et sans conteste.

1562. — Admodiation de la rente seigneuriale de Beaufort, à Me Louis Vibert, par Jean Amed de Beaufort, seigneur du Villard-Chabod.

L'an 1562 et le 4e jour de décembre, a ung chascung soit manifeste que par devant moi Jhean Rose notaire ducal soubsigné et des témoins soubz nommés s'est établi noble et puissant Jehan Amed de Beaufort, seigneur du Villard (Chabod), lequel.. estant au préalable informé de la prodhomie bonne voix et fame de Me Louis Vibert, fils de Jehan, paroisse de Saint-Maxime mandem. de Beaufort, haict ores constitué et député le dict Me Louis Vibert cy present et acceptant son Chastelain sur tous et ung chascung ses subjets, autorité et puissance de pouvoir exercer et fere justice sur yceux subjects comme appertient de droit à ung chascung d'office en semblable qualité et d'ycelluy office avec des honneurs, utilités et commodités, d'icelluy jouir et user honestement comme de droicts et raison, avec aussi pouvoir de constituer mestral et greffier pour l'exercice de la banche du dict Sgr du Villard... Et davantaige, le dict Sgr donne, baille et concède au dict Me Louis Vibert... à ferme et admodiation tous et chascungs les reddits et revenus appartenant au dict Sgr du Villard... rière le mandement de Beaufort... comme servis, tributs, dismes dièmes, corvées et aultres, avec aussi toutes et chascunes obventions des laods, ventes, plaictz provenant et durant le temps de la présente admodiation : semblablement tous et chascungs, biens ruraux audict S^{gr} appartenant rière le dict mandem. de Beauf. comme maison forte, plasses d'icelle, curtil, granges, terres, prés, bouvées et champeages, soit molins, rivières, artifices et aultres qu'il cognoit jouxte leurs confins avec leurs droictz ; Ensemble la cense et ferme de l'office de Clergie et Chartrerie du mandement de Beauf. pour laquelle clergie le dict Me Vibert expédier et délivrer ung curial qu'il soit suffisant et capable par ledict S^{gr} accepté et non aultrement... Et c'est pour le temps et espace de troys années prochaines dès... qu'est le jour et feste Saint-André dernier escheues en tel et semblable jour et feste Saint-André les dictes troys années escheues devoir finir, sous la cense ou bien ferme, année chascune, de douze cents quarante florins, petit poids, deux quintal de vacherins, ung quintal de beurre, soixante livres de serey... laquelle cense et ferme le dict Me Louis Vibert promet... payer et apporter, le tout bon et recepvable, en la maison forte du dict S^{gr}, au Villard Chabod, à ses despens.. et c'est avec tous honneurs, charges et périls en tel cas accoutumés, sous pacthes, conditions et réservations suivantes..... sera tenu le dict Me Louis Vibert payer tous les servis deüs par le dict S^{gr} du Villard... ensemble la cense deue au recteur de la Chapelle St George en l'église de St Maxime, fondée. Item a reservé le dict S^{gr} admodiateur... toutes compositions, pugnitions... et escheuttes provenant au dict S^{gr} durant le dict temps. Il a esté dict que le dict Chastellain et fermier ne sera tenu fere aulcunes compositions de procès sur les subjects du dict S^{gr} sans le seing de son juge à peyne du droict et réglement, et aussi sera tenuz le dict Chastellain fere tenir les assises au dict lieu de Beaufort en fin des dictes troys années..., et aussi a reservé le dict S^gr^ la chambre et le Curtil au Chateau de sa maison forte du dict Beaufort qu'il habite à présent... Et pour assurance des choses susescriptes... (suivent les garanties d'usage).

Fait et prononcé dedans le poëlle de la maison forte du dict S^gr^ du Villard, admodiateur, sise au Villard Chabod, en présence de etc.

1577. — Transaction entre N. Jean Amédée de Beaufort, S^gr^ du Villard Chabod, d'une part, et honnêtes Pierre Nicod et Jacques Benoist, syndics de la paroisse de St Maxime, honnête Pierre Guiguet, syndic de la paroisse d'Hauteluce, honnête Bernard Cherney, paroissien du Villard d'autre part... pour terminer le différend d'entre eux... a esté convenu entre les parties que pour la part et ratte qui compete payer au dict S^gr^ par les paroissiens de St Maxime du dict quintal contentieux de fromage, les dicts syndics du dict St Maximeen payeront 68 livres, les syndics du Villard en payeront 9 livres, et les syndics d'Hauteluce 23 livres : de sorte que ceux du dict St Maxime payeront tout compris ce qu'était en coutume de payer ci devant des dicts alpéages dès hores à perpétuité la somme de 5 quintaux et 18 livres de fromage ; ceux d'Hauteluce, 3 quintaux 23 livres et ceux du Villard 1 quintal 59 livres. Le tout fait sous les clauses requises par acte du 17 juin 1577, Vial notaire.

1579. — Codicille et mort de N. Jean Amed de Beaufort, qui fait héritière universelle sa fille unique D^lle^ Françoise de Beaufort, mariée à N. Sébastien de Montvagnard

S^gr de Boëge, et la confie aux soins de son frère Pierre, l'abbé de Tamié.

1580. — Transaction entre Pierre de Beaufort, abbé de Tamié et sa nièce Françoise de Beaufort, dame de Villard Chabod, par laquelle cette dernière cède à son oncle 650 florins de revenu annuel à prendre sur les biens fonciers de l'hoirie de son père... plus la moitié de la juridiction haute, moyenne et basse, fiefs, censes, servis hommages... moitié la chartrerie et curalerie etc., etc.

Acte passé à Chambéry, le 18 septembre 1580 (man. n° 16).

La seigneurie de Beaufort est donc de nouveau scindée en deux parts, l'une afférente à D^lle Françoise de Beaufort, dame du Villard-Chabod, l'autre à R^d Pierre abbé de Tamié.

1584. — Mort, à Plancherine, de R^d Pierre de B..., abbé de Tamié, qui lègue ses droits sur la seigneurie de Beauf... à son fils (bâtard) Gaspard de Beauf...

1584. — Acquis par Aymé Granier, procureur de la ville de St Maxime, de Sébastien de Montvagnard, en qualité de mari de D^lle Françoise de Beaufort, du four assis à St Maxime, pour le prix de 800 florins capital ou 40 florins cense annuelle (Jean Tonnex, not.) sous condition que ses successeurs en la dite charge seront tenus renouer la dite cense de 25 ans en 25 ans.

1586. — Admodiation par N. Sébastien de Montvagnard, en la qualité que dessus, à Me Pierre Bruet, bourgeois de St Maxime, pour trois ans, de tous les revenus lui appartenant rière le mandement de Beaufort, rentes servis, censes, laods, plaicts, curialité etc., sous la cense de dix-huit vingt (360) florins, 6 quintaux et 60 livvres de fromage, robe d'été, poids de Beaufort.

1603. — Mort de N. de Sébastien de Montvagnard, mari de Dlle Françoise de Beauf.

1626. — Mort de Dlle Françoise de Beaufort, dame du Villard Chabod, qui institue ses héritiers universels, les nobles François et François de Gruet, père et fils, ses cousins issus de germain.

Après la mort de Dlle Françoise de B..., un formidable procès surgit entre les N. De Gruet ses héritiers et les Sgrs de Montrichier (canton de Vaud) cousins aussi de la testatrice, qui se prétendaient lésés et invoquaient une violence exercée à leur détriment sur la défunte. Ce procès dura plus de 40 ans. Enfin le 16 février 1664, le sénat rendit un arrêt déboutant les prétentions des Sgrs de Montrichier et remettant les N. de Gruet en possession de l'hoirie entière, et par suite des droits seigneuriaux sur Beaufort.

1635. — Admodiation par N. François de Gruet, sgr du Villard Chabod, Conseigr de Beaufort (c. ad. avec les hoirs de l'abbé de Tamié) à Me Donat Chevalier, de St Maxime, de tous les revenus lui appartenant rière le mand. de Beauf..., rentes, servis, censes, laods, curialité etc., pour 6 ans, sous la cense de 365 florins argent, 6 quintaux 60 livres de fromage, 1 quintal de beurre, 40 livres de vacherin, 25 livres de suif. Passé à Duing, 31 janvier 1635, [illegible] aison du Sgr admodiateur.

1658. — Admodiation par le même des mêmes biens que dessus à Me Jean Christiné, notaire d'Hauteluce, pour 6 ans, sous la cense de 330 florins, 665 livres de fromage, 50 livres de beurre frais et 30 livres de suif, payables au domicile de l'admodiateur, à la St André.

1669. — Requête, par le Sgr de Gruet, contre Amed Jaquet, procureur de la ville de St Maxime pour le paiement de la cense du four.

1678. — Admodiation des Curialités qui sont rière le mand. de Beauf..., passée par les Sgrs de Burgarel et de Beaufort, à Me Hugue Granier et Aymé Antoine Christiné pour la somme de 120 florins monnoie de Savoie par chaque année, savoir : à M. de Beaufort 55 florins et à M. de Burgarel 65 florins.

1680. — Noble Sgr Jean de Melchior de Gruet, fondé de pouvoir de François de Gruet son père, Noble Sgr Charles de Burgarel et N. Sgr Antoine de Beaufort, conviennent de procéder, par procureurs ou autrement, à la rénovation de la rente qu'ils ont par indivis dans le mandem. de Beaufort, et conviennent de se trouver le 4 février 1681, au cloitre de St Dominique d'Annecy, pour s'assembler avec les procureurs et régler la chose.

1682. — Procuration générale passée à N. Jean Melchior de Gruet, Sgr du Villard Chabod Conseigr de Beaufort par les Sgrs de Burgarel et de Beaufort, 4 novembre 1682.

1685. — Admodiation passée par les Conseigrs de Beaufort en faveur de Me Antoine Ducis des offices de chastellain et de l'office de Curial rière la paroisse de St Maxime et du Villard, sous la cense de 100 florins annuels, pour deux ans.

1686. — Interpellation par N. Jean Melchior de Gruet aux syndics et conseillers de St Maxime par laquelle il réclame l'alpéage à lui deut par la communauté de Beaufort : lesquels répondent être prêts lui délivrer la quantité de 5 quintaux et 18 livres de fromage du pays, ou bien de lui payer le dit fromage à raison de 21 florins le quintal, 8 décembre 1686.

1686. — Noble de Gruet Sgr du Villard Chabod, Noble Charles Guillaume de Burgarel et Noble Théodore de Beaufort, tous trois Conseigneurs de Beaufort, demandent et obtiennent de leur juge ordinaire de Beauf..., Me Joseph Greffié, une déclaration d'écheutte en leur faveur, des biens délaissés par une Jeanne fille d'André Guigoux-Vauthier-Tupin à feu Nicolas, laquelle femme, lige des dits Sgrs, était morte sans enfant ni condiviseur.

1688. — Bail à ferme par N. Jean Melchior de Gruet, Sgr du Villard, et de Beaufort, a discret Joseph à Claude Malliand, praticien d'Hauteluce, de l'office de la curialité de la paroisse d'Hauteluce, appartenant aux Conseigneurs de Beaufort, avec tous ses émoluments et profits... pour le prix de 3 pistoles au coing d'Espagne, chacune année.

Puis, requête par le dit Sgr de Gruet, en son nom et comme procureur de Noble Charles Guillaume de Burgarel et de Noble Théodore de Beaufort, contre le dit Joseph Malliand pour obtenir le prix de quatre années écoulées de 1688 à 1693, soit 12 pistoles.

1691. — Procure générale donnée à noble Jean Melchior de Gruel, seigneur de Villard-Chabod, par Victor Octavio, fils de noble Charles Guillaume de Burgarel, pour toutes affaires concernant la rente sur Beaufort, rente indivise avec ledit seigneur de Gruel et nobles Théodore, Pierre et Donat de Beaufort, fils d'Antoine, conseigneurs dudit lieu.

Acte passe à Annecy, 20 mars 1691.

1693. — Admodiation des chastellenies, curialités, laods, servis, etc., dépendant de la rente des conseigneurs de Beaufort, riére Hauteluce, passée à Me Antoine Christiné et à Me Jean Ducis du dict lieu, pour 9 ans, au prix de 220 florins par an.

1703. — Item, le même office, admodié à Me Jean Antoine Lyonnet, pour trois ans, au prix de 20 ducatons chaque année.

1705. — Admodiation passée par le seigneur de Gruel, seigneur de Villard-Chabod et conseigneur de Beaufort pour lui et les autres conseigneurs, à Claude Chevalier, notaire collégié à Saint-Maxime de la *rente totale* de Beaufort, fiefs, chastellenie, curialité, pouvoir d'en retirer tous les laods, servis, censes, se prévaloir des honneurs et droits de tous offices, comme encore l'admodiation des alpéages, censes du four, dismes des pailles rière Hauteluce, droits des naissants, etc , pour 7 ans, sous le prix chaque année de 920 florins ; de laquelle somme le dit seigneur ne percevra que 560 florins et le restant sera perçu par les seigneurs consorts : payable la moitié à la Saint-Urbain et l'autre moitié à la Saint-André : se réservant, le dit seigneur, les écheuttes et mains-mortes.

1717, juillet. — Assignation par noble Jean-Melchior de Gruet, seigneur de Villard-Chabod, aux syndics de la communauté de Saint-Maxime de Beaufort devant le juge de la seigneurie, pour avoir payement de 5 quintaux et 18 livres de fromage, à compte de la leyde et alpéage à lui dû par le mandement de Beaufort. (Les syndics étaient : Pierre Bochet, Antoine Duc, Barthélémi Collomb et Jean-Pierre Bochet.)

Item, en décembre 1717, assignation par le même à la communauté d'Hauteluce pour avoir payement de 142 livres de fromage, part contingente.

1773, 24 mars. — En vertu de l'édit royal de 1771, affranchissement, pour le prix de 6,000 livres, des communautés de Saint-Maxime, d'Hauteluce et du Villard de Beaufort, de tous droits de fiefs, servis et autres droits seigneuriaux, dépendant de la rente des conseigneurs de Beaufort, dont une moitié appartient à noble François Vichard de Saint-Réal, seigneur du Villard-Chabod, successeur de noble Jean-Antoine de Gruet, et l'autre moitié aux seigneurs de Burgarel et au seigneur marquis de Chamousset, baron de Gilly.

La Chambre des Comptes (6 mai 1779) déclare loisible au dit seigneur de Saint-Réal, ainsi qu'à la dame veuve de Chamousset et à noble Alexandre de Burgarel de Beaufort *(sic)* d'exiger librement le prix de leurs affranchissements respectifs.

PIÈCES JUSTIFICATIVES

A

1355. et 1360.

Concession d'une rente de 10 florins d'or par le comte de Savoie Amed VI, à noble Jean de Beaufort sur l'alpéage et la leyde de la vallée.

Nos Amedeus, comes Sabaudie, notum facimus universis quod, cum, *consideratione servitiorum nobis fideliter impensorum* per dictos fideles nostros Dominum Johanem (de Belloforti) militem, Guigonem, Petrum domicillos et Petrum Donzelli de eodem loco, *in habenda et obtinenda possessione terre nostre Faucigniaci*, pro nobis et nostris successoribus dederimus et concesserimus eisdem in augmentum feudorum que tenent a nobis et sub eisdem homagiis ad que pro suis aliis feudis tenebantur cuilibet ipsorum videlicet decem florenos auri de redditu per annum pro se et successoribus cujuslibet ipsorum in *Castellania nostra Bellifortis assignandos* prout in nostris litteris dicte donationis, datis Gebenn. die vigesima prima Julii anno millesimo tercentesimo quinquagesimo quinto plenius videtur contineri, de *quibus nondum est assignatio facta*.

Volentes observare premissa, dicti Domini Johanis militis supplicationi inclinati, super hiis habita relatione Domini Aymonis de Chalandi et Guillelmi Boni quibus hec commitimus, referentium assignationem infrascriptam utilem esse pro nobis et nostris successoribus, dicto Domino Johanni pro se et suis successoribus et heredibus universis, in assignationem decem florenorum auri dictorum, damus, tradimus et assignamus leydam et alpagium nostrorum montium castellanie Bellifortis pro quibus levatur annis singulis in festo Sancti Christophori, a quolibet faciente fructum fructus unius diei cujus medietas ad nos in solidum pro leyda et due partes alterius medietatis pro alpagio et tertia pars certis nobilibus pertinere noscuntur de quibus pro nostris juribus predictis *septem quintalia cum dimidio caseorum nobis computantur ad presens*, quam quidem leydam et alpagium cum ipsorum emolumentis existentibus et juribus quibus cumque dicto Domino Johanni pro se et suis ut supra pro assignatione decem florenorum, in augmentum feudorum que tenet a nobis et sub eodem homagio... perpetuo tradimus atque damus et ipsum recipientem pro se et suis.. per presentes investimus sibi concedentes omnia jura et actiones nobis competentes in predictis et singulis ipsorum... nihil retinentes preter feudum, directum dominium et homagium predict. Nos ea possidere constituentes ipsius Johannis procuratorio nomine donec ipsorum corporalem possessionem accipere et retinere valeat... (*suit la formule de garantie ordinaire*).

Datum Camberiaci, die 25ª Junii, anno 1360... sub nostro sigillo in testimonium premissorum per Dominum relatione Dominorum Aymonis de Challand, Petri de Montegil ? Johanni Ravisii, cancellario, Guillelmi Boni facta per dictum Amonem de Challand...

(Tiré des archives du Palais-de-l'Ile, à Annecy, le 2 juin 1693, par Nicollin, clavaire, et trouvé manuscrit, sans numéro, aux archives de Villard-Chabod.)

B

1325.

Concession, par Hugues Dauphin, seigneur de Faucigny, de l'office de notaire dans toute la vallée de Luce, à Bonnefoy Gros et à ses fils et petits-fils.

Nos Hugo Dalphini Dominus terre Fucigniaci notum facimus quod cum dudum dederimus et concesserimus Bonefidei Grossi de Costis notario de sancto Maximo notariam nostram seu officium notarie... Et postmodum post obitum ipsius Bonefidei notarii illud idem officium notarie nostre dederimus... magistro Jacobo Alamandi (*un mot effacé*) et phisico nostro ad opus sui Jacquemeti et Hugoneti fratrum liberorum dicti Bonefidei notarii.

Nos igitur predictus Dominus Fucigniaci volentes... liberos et heredes dicti Bonefidei prosequi cum gratia et favore damus et concedimus libera voluntate dictis heredibus Bonefidei quondam notarii videlicet Petro Hugoneto et Raymondo fratribus et conheredibus idem officium notarie nostre totius vallis Locie et mandamenti nostri Bellifortis et officium inquestarum et retrofeudorum nostrorum, ita quod predicti fratres et ille ipsorum et nemo alius dictum notarie officium et omnia et singula ad dictum officium spectancia fideliter exerceant et instrumenta publica... infrà totam vallem Locie.. recipiant faciant et reddant omnibus personis... quibus videbunt.. et hoc pro pensione decem solidorum fortium nomine ipsius officii nobis debitorum singulis annis tantum... Item volumus et precipimus quod si que instrumenta seu licentie ex nunc de feudis ac retrofeudis nostris et inquestis palam vel obscure ab aliquibus per alium notarium fierent seu conficerentur quod eo ipso facto nullius sint valoris in tota terra nostra et feudum seu retrofeudum in ipsis contentum nobis.. sit commissum.

Preterea nos Hugo Dalphini, dominus Fucigniaci damus et concedimus licentiam et auctoritatem predictis Petro, Hugoneto et Raymondo fratribus, liberis dicti Bonefidei ut ipsi possint eligere unum.. notarium vel duos de terra nostra qui possint exercere dictum officium notarie donec pervenient ad etatem, et eisdem damus licentiam et auctoritatem levandi et grossandi et in formam publicam redigendi per se vel per alium notarium omna instrumenta, omnes licentias in protocolis et papiris (*suivent les formules ordinaires de garantie*).

... Datum et actum apud Montebon? in castro nostro, die 15ª mensis maii anno domini 1325 assistente nobiscum domino Humberto de Chalay milite et bayllo nostro...

(Liasse de parchemins, cotée n° 12, des archives du Villard-Chabod).

C

1449.

Confirmation de la vente de l'office de scribanie faite aux nobles de Beaufort, par Louis Duc de Savoie, pour toute vallée de Luce.

Ludovicus, dux Sabaudie... quum quidem Johannes Grossi filius et heres Petri Grossi alias Chadal in dicto loco Bellifortis vendiderit perpetuo (15 novembre 1424)... spectabili domino Johanni de Belloforti quondam Sabaudie cancellario dictum scribanie seu clericature officium pretio septem centum florenorum p. p., novissime autem procurator noster fiscalis pretendens officium ipsum nobis fore remissum pro eo quia dictum venditionis instrumentum à nostris progenitoribus et nobis non apparebat laudatum nec confirmatum... et quamquam infine illius instrumenti constaret de ratificatione a felici bone memorie illustri nostra carissima domina Bona de Biturio Armagniaci comitissa, a parte ipsius procuratoris nostri fiscalis opponebatur dicendo quod ipsa duntaxat erat usufructuaria terre Faucigniaci ipsum que laudemium vigorem non habere nisi quandiu illustris domina vita potiretur humana... Propter quod ad nostram presentiam advenientes dilecti fideles scutiferi nostri Anthonius et Nicodus, nec non Ludovicus, Claudius, Petrus et Franciscus de Belloforti, heredes prefati domini Johannis de Belloforti, qui dictas annexas donationis et venditionis (scripturas) nobis exibuerunt supplicantes illas sibi observari inconcusse facere dignaremur... quare, sedula meditatione volventes *laudabilia et ingentissima obsequia per dictum quondam Cancellarium quandiù in dicte cancellarie officio prefuit impensa...* concedimus... predicta laudamus.. eisdem Anthonio et Nicodo pro dimidia parte, nec non Ludovico, Claudio, Petro et Francisco de Belloforti fratribus pro alia dimidia parte... salvis tamen remanentibus decem solidis fortium annualibus et nostris successoribus... reservatis... Que sic egimus tam liberaliter et de gratia speciali et etiam intuitu servitiorum prenominatorum quam pro et mediantibus ducentum et quinquaginta florenorum per nos propterea habitis a dictis de Belloforti... Datum Thaurini die 6ª Maii, anno 1449.

(Archives du Villard-Chabod, parchemin n° 13.)

D

1315.

Admodiation de la tierce partie de la dîme des naissant sur la vallée de Luce et du four de Saint-Maxime d Beaufort, par l'archevêque de Tarentaise, à Hugon Gros

Anno domini M CCC quinto x, indict. 12ª, Kal januarii... per hoc presens publicum instrumentum cunctis... appareat evidenter quod cum Gilno Grossi de Costis quondam albergasset a predecessoribus Reverendi in Christo Patris domini Bertrandi Dei gratia nunc Tarentasien. Archiepiscopi tertiam partem decime nascentium totius vallis Locie item et furnum de sancto Maximo... pro certo usagio annuali et pro homagio ligio quondam facto et reddito ipsi domino Archiepiscopo, ut asserit, per Roletum quondam filium dicti Gilnonis pro se et heredibus suis descensuris ab eodem Roleto, et ipse Roletus post modum decessit relicto Vullieto filio suo qui Vullietus ad dictum homagium faciendum dicto domino Archiepiscopo tenebatur. Et ipse Vullietus post, sine herede de proprio corpore suo procreato, decessit... Et dictus dominus Archiepiscopus diceret et assereret dictum feudum seu dictas res feudales sibi fore commissas pro eo quod dictus Vullietus sine herede decessit qui heres dictum homagium facere posset et reddere, et propter hoc ipsas res peteret idem dominus Archiepiscopus in commissum ab Hugone Grossi quondam avunculo dicti Vullieti, qui Hugo petitionem dicti domini Archiepiscopi confessus fuit fore veram, requirendo tamen et supplicando eidem pro se et Aurico et Jacquemeto fratribus suis ut placeret dictum feudum ipsis dimittere nonobstante dicta commissione... pro eo quod... pater eorum et ipsi per ipsum dictum feudum per longa tempora obtinuerunt et quod non placeret eidem domino Archiepiscopo ipsum feudum in alias personas transferre, idem dominus Archiepiscopus considerans affectionem et dilectionem quas habet erga dictos fratres et ipsi erga ipsum et Ecclesiam Tarentasiensem, pro se et mensa sua Archiepiscopali ac successoribus suis in Tarentasiensi ecclesia... dictas res dicto Hugoni recipienti et (suis...) reliquit, dimisit et concessit pro viginti solidis fortibus de usagio annuali de incremento ultra usagium annuale olim consuetum solvi pro dicto feudo... Et quia Hugo dictum homagium, in quantum potuit ipsum facere dicto domino Archiepiscopo recipienti ut supra, incontinenti facit... Fuit tamen actum et deductum in pactis inter dictum dominum Archiepiscopum et Hugonem... quod si idem Hugo forsitan se transtulerit in alium statum, quod non sit vel non esset aliquis de liberis suis vel dictorum fratrum suorum in illo statu qui non possit dictum homagium facere et reddere, quod tunc et illo casu dicte res feudales essent in misericordia dicti domini Archiepiscopali sui met vel successoris sui qui tunc esset dominus. Qui prefatus dominus Archiepiscopus... promisit... dicto Hugoni... manutenere deffendere et salvare de cetero in perpetuum dictas res feudales ab omnibus et contrà omnes... et dictus Hugo promisit... se facturum et curaturum erga dictos fratres suos quod ipsi acceptabunt predicta et etiam confirmabunt... (*suit la formule de garantie d'usage*).

Actum in domo archiepiscopali, in camera propria dicti domini Archiepiscopi ubi testes ad hoc interfuerunt dominus Johannes Bertrandi, condominus de Brusol, miles, dominus Guillelmus de Aallod canonicus secularis Tarentasiensis, dominus Johannes de Molliis, curatus de Cleriaco, Joannes Jordani de Muflerio, officiali Tarentasiensi Jacquetus de Altaribus et plures alii.

Suit au parchemin un autre albergement fait aussi par l'archevêque de Tarentaise en faveur du même Hugon Gros, d'une pièce de pré appelée « *pratum de rupe* », située à Saint-Maxime. L'investiture se fait par la remise d'un bâton, entre les mains de l'albergataire, *sicut moris est*. L'archevêque promet de défendre l'albergement contre toutes les prétentions du seigneur de Faucigny... *cum ipse dominus Fulcigniaci nullam habeat juridictionem super rebus et feudis dicte ecclesie Tarentasiens*. A la fin de l'acte on lit :

Nos vero Nicolaus, prior conventus ecclesie sancti Petri Tarentasien. sigillum nostri capituli huic presenti instrumento duximus apponendum in robur et testimonium predictorum... Datum monasterii, die jovis proxima post circoncisionem domini, anno quo suprà.

Le sceau est une main qui tient élevées deux clefs adossées ; en exergue : *sigillum capituli Tarentasiensis ecclesie*. (Manuscrits du Villard-Chabod, nº 7.)

E

1319.

Procès entre Hugon Gros admodiataire du four de Saint Maxime et les habitants, par devant l'official de l'archevêché de Tarentaise.

In nomine sancte Trinitatis, Patris et Filii et Spiritus Sancti. Amen. Nos Johannes Jordany officialis curie Tharentasien notum facimus universis... quod cum Hugo Grossi de Sancto Maximo notario posuisset farinam in furno ville Sancti Maximi et pro eo universitas hominum dicte ville recusarent decoquere panem suum in dicto furno et dicto Hugoni solvere fornagium in pane sive pasta solvi consuetum de quibus impositione et fornagio predicto exigendo dicebat se esse in possessione et ad predictum furnum predictos habitantes ad dequoquendum panem suum compellendos nomine domini archiepiscopi Tarentasien et ratione dicte recusationis ex parte domini B. Dei gratia Tarentasien archiepiscopi monerentur et excommunicarentur ad instantiam dicti Hugonis... Verum, dicto Hugone, ex una parte, et Amedeo Alamandi et Poncto Gueboz ? habitatoribus dicte ville, sygdicis et sygdicario nomine universitatis habitantium dicte ville, ex altera, comparentibus apud chorum in judicio coram notario officiali predicto et commissario in hac parte a prefato domino archiepiscopo conquerentibus dictam litteram (excommunicationis) fore injustam, petendo a nobis...ipsam litteram monicionis revocari et omnes habitantes dicte ville qui dictam sententiam excommunicationis incurrissent absolvendos... negando dictum Hugonem esse in possessione de premissis, dicto Hugone in contrarium asserente, et quia per negacionem res efficitur dubia dicta monicio extitit revocata ac etiam omnes habitatores dicte ville qui dictam sententiam ratione premissorum incurrissent absoluti... fuit per nos ordinatum et super premissorum veritatem inquisitum per nos ut commissarium... Idcirco, dictis partibus terminum assignavit ad probandum hinc etindè quiquid predicte partes probare vellent in manibus Velli (ou Vuillelmi) de Sancto Maximo notario cui quantum ad hoc commissimus vices nostras.

Itaque, productis testibus coram dicto notario hinc et inde et ipsis examinatis per eumdem, postmodum, ipsis partibus presentibus, actestationibus dictorum testium pernos legitime publicatis productis ulterius aliquibus instrumentis et litteris coram nobis per dictum Hugonem ad thuitionem juris sui contra predictos sigdicos... Nos officialis et commissarius... convocato consilio et specialiter domini Aymonis de Pravalle ? archidiaconi Tharent, visis (que videnda erant)... sedentes pro tribunali, presentibus sanctis Dei evangeliis, solum Deum habentes pre oculis, ipsis partibus... sine cunctatione diem hodiernam assignavimus ad super premissis sentenciam audiendam.

Quia reperimus per publicum instrumentum coram nobis productum dictum Ponetum Gueboz ? sigdicum et sigdicario nomine dicte universitatis confessum fuisse dictam universitatem, jure servitutis, debere dequoquere panem suum in dicto furno, reperimusque habitantes dicte ville alias compulsos ad instanciam dicti Hugonis jam diu est ad dequoquendum in dicto furno per monicionem et excommunicationem per predecessorem nostrum emanatam, et, post dictam compulsionem, in dicto furno ipsos habitantes panes suos pacifice dequovisse in eodem, nec non reperimus dictum Hugonem esse et fuisse in quadam possessione ponendi farinam in dicto furno, consilio tamen proborum hominum seu mulierum dicte ville, a quindecim sive decem et specialiter a quatuor annis sicut et recuperandi ab habitantibus in dicta villa dequoquentibus... fornagium ipsius furni in pasta sive pane... Tamen consilio predictorum et litteris dicti sigdici videantur probasse dictam universitatem hominum dicte ville fuisse in possessione ponendi farinam in dicto furno spacio triginta annorum et amplius et quia testes deponentes de dicto tempore xxx annorum et amplius non deponunt specialiter de quindecim, decem sive quatuor annis sicut probandum est... et cùm Dictus Hugo faciat fidem de dicto impositione fornagii a duodecim annis... per publica instrumenta. Et cum per dictam recusationem dequoquendi in dicto furno et solvendi in pasta sive pane dictum fornagium consuetum dictus Hugo... sua possessione appareat spoliatus...

Idcirco pronuntiamus dictum Hugonem ante omnia fore restituendum in dicta quidem possessione, videlicet, ponendi farinam in dicto furno, consilio tamen proborum hominum vel mulierum dicte ville et per ipsam farinam recuperandi et exigendi a dequoquentibus... in pasta sive pane fornagium consuetum, quod fornagium declaramus pro qualibet fornata ad minus secundum probata, cum labore fornagii et pro jure furni seu fornagio ad valorem duorum denariorum forens. Salvo dicto Hugoni... si nunc vel in posterum plus deberi reperiatur de dicto fornagio plus eidem solvere et reddere teneantur ; Et predictos habitantes in dicta villa compellendos ad solvendum eidem Hugoni retenta a tempore dicte spoliationis dicti fornagii et emendam dampni quod inde sustinuit dictus Hugo... quod dampnum per juramentum ipsius Hugonis, taxacione a nobis prohibita, pronunciamus... declarandum, salvo jure proprietatis dicte universatis hominum dicte ville quod haberent in denegando, ablato libello, jus dicti Hugonis coram judice competenti, videlicet ipsum Hugonem non posse de jure ponere farinam in dicto furno, sed ipsa universitas, et ipsam universitatem non cogi et compelli debere per eumden ad predicta. Condempnantes dictum Amedeum et dictam universitatem dicto Hugoni in expensis dicte litis factis per eumdem Hugonem, taxacione ad manum nostram reservata... In cujus rei testimonium, sigillum predicte curie presentibus apponendum duximus ad memoriam eternam omnium premissorum.

Datum apud Monasterium... (ou Munsterium) presentibus domino Johe Bertrandi, militi, domino Vullielmo Arvillardi capellano, Johe Subryen ? jurisperito, Amedeo de Belloforti, Nicodo de Fonte, die mercurii post festum circumcissionis domini, anno millesimo, tercent decimo nono.

(Archives du Vill. Chabod, très beau parchemin sans n° avec le sceau pendant. Le sceau représente un évêque, tenant sa crosse de la main gauche et bénissant de la droite ; autour : *sigill. curie Tharentasien.*)

CHAMBÉRY. — IMPRIMERIE CHATELAIN

www.ingramcontent.com/pod-product-compliance
Lightning Source LLC
LaVergne TN
LVHW020305230826
846091LV00006B/2538
* 9 7 8 2 0 1 3 4 0 5 0 3 4 *